Sín-tesis

Sín-tesis
Primera edición: abril 2026
Reservados todos los derechos:
Ediciones Torremozas

© Inma Arrabal
© de esta edición: Ediciones Torremozas

ISBN: 978–84–7839–962–8
Depósito legal: M–9556–2026

EDICIONES TORREMOZAS
ediciones@torremozas.com
www.torremozas.com

Inma Arrabal

Sín-tesis

LA NOCTÁMBULA

Soy un alma desnuda en estos versos,
alma desnuda que angustiada y sola
va dejando sus pétalos dispersos.

(Alfonsina Storni)

Introducción

El árbol se consolaba mirando al cielo,
que era a quien debía su luz.
Y su sombra.

(Ignacio Arrabal – *Los sueños intactos)*

Quiero poner aquí, como introducción, esta carta que me escribió mi hermano Carlos después de leer mi libro *Cruzar el umbral.* No tuve oportunidad de hacerla pública entonces, porque me dijo que era solo para mí. No quiso que la diera a conocer. Pero él ya no está conmigo y yo necesito agradecerle de algún modo todo lo que en ella me dice. He creído que ahora era el momento.

Siempre me aconsejaba sobre mis escritos y aportaba ideas. Las cosas que decía, nunca podré olvidarlas, como: «Aprender a escribir se puede hacer de niño, aprender a escribir bien, puede ser, más adelante, relativamente fácil, pero escribir literariamente y con sentimiento para que llegue a los demás no lo consigue todo el mundo. Hay que tener un don de nacimiento. Creo percibir que tú lo tienes, hermana. Búscalo».

Y también: «En la vida hay que buscar equilibrio entre las cosas, no siempre es mejor verlo todo blanco o todo negro, no puedes estar siempre triste ni siempre contento, ¿acaso es mejor reír que llorar?, ¿es mejor la noche que el día? Equilibrio, Lala, equilibrio».

Aún estoy asombrada de que en su carta (supongo que influyó su cariño de hermano) ponga algunos de mis poemas a la altura de poetas ultraístas.

Intenté siempre seguir los consejos de mi hermano cuando estaba conmigo y seguiré intentándolo ahora que ya no está, aunque reconozco que encontrar el equilibrio, en mi vida, es muy difícil.

Y aquí están sus palabras.

«Querida Inma,

Por primera vez, desde que somos hermanos, me sale llamarte Inma y no Lala o Lalita.

No es que lo haya cambiado con intención: me sale así hoy. Y creo que es porque ahora tu identidad como poeta se me aparece más fuerte y precisa que la imagen de la hermana que quiero.

He apreciado tus libros, y muchas cosas de ellos me han llegado dentro: recuerdos que comparto y penas que también comparto, hasta donde sea posible eso. Y aunque te aseguro que no era poco, te mentiría si te dijera que veía algo más allá de «las cosas que escribe mi hermana».

Pero cuando me pasaste el original de *Cruzar el umbral* y los últimos escritos que tenías en borrador, me di cuenta de que «eso» ya era diferente.

Ha pasado tiempo, y parece como si tus trabajos anteriores y tu vida, hayan ido refinando herramientas, hirviendo poco a poco y destilando lo que era una mezcla de nostalgia y dolor hasta transformarse en un líquido avasallador y de belleza amarga. Parece que ahora, con las herramientas y la madurez de escritora a punto, verdaderamente has derribado muros y verdaderamente sales fuera, gritando hacia nosotros.

Estás refinando esas herramientas. Tus palabras ahora te dan alas y han dejado de ser una cuerda a la que agarrarse, porque creo que algunos de tus versos están a la altura del mejor surrealismo ultraísta. Y seguro que lo sabes. Sí, te muestras en esas palabras y comparto contigo la idea de que, como poeta, no estás obligada a reconocer que la belleza, la bondad y la ternura existen. No digo, ni tú dices, que tales cosas no existan. Digo que no veo por qué el poeta debe ser justo, poniendo tragedia en un platillo de la balanza y pétalos de flor y niños felices en el otro platillo. El equilibrio aquí no hace falta encontrarlo. El poeta puede inclinar la balanza en un sentido o en otro según él lo «sienta». Creo que la poesía no tiene por qué obedecer a ninguna ética, por primaria o absoluta que esta pueda ser. De hecho, la experiencia demuestra que no obedece a tal cosa, o tendríamos que eliminar más de la mitad de los poemas de todas las antologías. Y sí, en cambio, es un hecho patente que cualquier verso o escrito lírico responde siempre a una estética, sea la que sea: la de la época, la del poder, la de las preguntas, la de las respuestas... todas son admisibles.

Para mí, y me atrevo a afirmar que, para ti, el poeta (y yo, ahora, ya te considero así) no está obligado más que a sentir, a dejarse invadir y arrollar por la tristeza o por la belleza, por la maldad o por la bondad, por la injusticia, o incluso por la felicidad. Puede contraponerlas, puede extraer consecuencias o puede no hacerlo. Pero creo que lo esencial es que debe sentir. Y a lo que sí está obligado (o no será poeta, sino solo un ser humano) es a expresarse, salir de sí mismo hacia los otros. Excarcelarse.

Desde los jazmines y recuerdos andaluces, has tenido que moverte al dolor personal, porque, en tu caso, parece ser que no eres tú quien elige un tema, sino que es el tema quien te elige a ti como poeta. Te hiere mortalmente desde el principio, y se hace presente no solo en un poema o en un libro, sino que subyace, más y más agudo, a lo largo de toda una vida. La vida como dolor y dañina ausencia de dolor, en distintas e inesperadas alternancias, en distintas y sorprendentes facetas. Es tu tema, y sin duda también es tu vida. Y no lo has elegido.

Últimamente, y eso es lo que he visto, tienes muchos y suficientes poemas y escritos sobre el dolor de los otros, inocentes o no, como para que nadie pueda creer que estás ovillada sobre ti misma. No, es evidente que no piensas solo en ti, porque sería imposible encontrar una manera más desnuda de decir que se comparte el sufrimiento de los demás, tal y como haces tú con algunas de tus palabras. Es cierto que, a veces, estas nos caen pesadamente como un velo negro ante los ojos, pero en otras también hay realismo e instinto de supervivencia y duro respeto hacia todos los seres humanos.

Quisiera decirte algo más sobre el dolor. Es cíclico. Se pasa del dolor de uno mismo al dolor de los otros. Y este, fundido al fuego lento del tiempo, se vuelve cristal fino y te permite (sí, hablo de ti) contemplar nuevamente tu dolor personal, íntimo, el de siempre, pero al que le descubres aristas nuevas, una nueva limpieza, una nueva y ya casi perfecta identidad de ese dolor contigo misma.

Esta carta, con todas mis palabras, son exclusivamente para ti, pero también enviaré una copia a mis/tus otras hermanas, porque quiero dar con ellas un aplauso y un reconocimiento a Inma, poeta y escritora. Aunque ese aplauso y ese reconocimiento, ahora y de momento, solo sea «semipúblico».

Un beso, Inma.

Carlos».

— I —

Por aquel mar cercano, mío,
se fugaría la infancia
en busca de otras orillas
en las que seguir sobreviviendo.

(Ignacio Arrabal / *Los sueños intactos*)

1)

El mundo ha pasado hoy por encima de mi cabeza
—pasó de largo— y yo me he quedado sentada, mirando
cómo se lo llevaba el viento.

2)

Vamos siempre hacia adelante, deprisa, intentando
conseguir cosas. ¿Para qué? No vamos a llevarnos nada
al final del camino.

3)

Pensar en el ayer, es algo inútil, el cuerpo se adormece, duele el alma. El presente está aquí, es hoy. El futuro será, quizá, mañana.

4)

Asfixia. Ahogo. Tengo la boca llena de algodón. No sé vivir la vida que me toca.

5)

Algunas noches me visto de silencio. Esta noche de mar... ¡Horas de mar! Inmensamente verdes.

6)

Llevo la muerte echada por los hombros. Pero no me abriga.

7)

Para mí, la mentira es indispensable. Yo miento siempre. Hasta cuando miento estoy mintiendo.

8)

Me duele la mirada cuando solo veo corrupción, envidia e injusticia. Cosas de la vida.

9)

Creí volverme loca cuando supe que los sueños también agonizan. Así de triste, como se oye.

10)

Vengo a guardar mis labios en tus labios para calmar mi soledad. Eso es tan imposible como rezarle a un Dios que para mí no existe.

11)

El sol se pone. Quisiera llorar las perdidas y lentas horas grises que llevo ya sin ti. Cuando se pone el sol.

12)

Desde niña, no tuve más que una ilusión, una falsa ilusión como sustento. Y eso no es nada, hoy he comido ya pan despiadado.

13)

Igual que los recuerdos, mi alma resbala por la superficie de los años y se desliza por el intrincado y enorme tobogán de la vida.

14)

Cuando tus rizos se desenreden, el sol se desangre y todas las montañas escupan lava... ¿te habrás apartado de mi pensamiento?

15)

Es muy triste no poder quedarse nada más que con los recuerdos y no con las personas y vivencias que la vida se llevó por delante.

16)

Nos piden pan y tienen sed. Algunos llevan niños hambrientos de la mano. Y nosotros ¿por qué casi siempre miramos a otro lado?

17)

Acaso el tiempo de nacer ya se ha pasado y los desnudos monos caminamos hacia el ocaso.

18)

Me estoy durmiendo en alas de tres cuervos, llena de sueños negros e ilusiones perdidas. Las perdí. Ni me di cuenta.

19)

No sé dónde estará mi alma. Escondida me mirará lejana y triste. Creo que no quiere sobrevivir ni que la encuentre.

20)

Mi vida ya no es más que un reproche inútil y vacío.

21)

Hace muchos años, yo era otra. Ahora soy menos.

22)

Algo de mí murió con las ausencias, por eso mi vida la veo ya tan lejana. Ahora llueve. Y no hay nubes.

23)

¿Cuándo se convirtió la vida en una simple obra de teatro? No deseo ni necesito ser la actriz principal. Ni siquiera pedí que me contrataran.

24)

A veces vivir sale bien. A veces no.

25)

Pasa el tiempo. Ya solo queda llegar al final. Y no entiendo por qué.

26)

La vida me parece inmensa, pero vacía. Vacía...

27)

Hace tiempo que no sentía esta angustia. En momentos de lucidez intento convertirla en rabia. Más tarde en esperanza. Soy una ilusa.

28)

Te fuiste. Como se van los pájaros en invierno. Por eso solo puedo decirte: adiós. Adiós. Como se van los pájaros, te fuiste...

29)

Alguna vez estuve viva, ahora solo soy agua pasada.

30)

Nunca podré rezar por ti, no hay nadie a quien rogarle. Pero, mi corazón, con su latido, siempre acariciará el nombre que se llama como tú.

— II —

Las calles iban quedando muy temprano vacías,
y yo tenía la sensación
de que era la tristeza,
y no el tiempo,
quien nos iba matando.

(Ignacio Arrabal / *Los sueños intactos*)

31)

¿Cuánto me quedará para estar fuera de este infierno? Lo malo es que quizá hay otros.

32)

Es como un veneno mortal el momento en que una siente que no sirve de nada contar historias que nadie te ha pedido.

33)

He aprendido a quedarme donde estoy. Es donde debo estar. Aunque piense que pierdo el tiempo porque algunos dicen que escribo cosas bobas.

34)

Con toda seguridad, voy a deshelarme en lluvia en cualquier otro día similar a este.

35)

Las letras, de lo que escribo, se tiñen de rojo delante del espejo de mi mirada, que se vuelve humo de cigarrillo mal apagado.

36)

Voy caminando por la imaginación sin esperarme. Porque sé que todos tenemos una cara que, sin remedio, irá perdiendo sus dimensiones, sus gestos... Y eso es para mí como ver eclipses de sol y de luna.

37)

Me duelen los abrazos que no son para mí, aunque sé que los míos nunca fueron buen escondite para nadie.

38)

No sé por qué, y lo tengo difícil, sigo buscando algo que fue mucho y que ya no es nada.

39)

El alba se perdió en las intersecciones de las calles y alguien se puso a jugar con trozos del vestido que yo llevaba puesto.

40)

No te quejes si llamas y no te abro la puerta. No es bueno estar en el centro de un estallido.

41)

Intentaré descansar un poco, no deseo llegar agotada a la esperanza.

42)

Respiro y el aire me paraliza, porque estoy sola y quieta desesperadamente, desesperadamente...

43)

Quisiera resguardarme en un agujero de la vida donde haya palabras sueltas para componer versos y ramas secas para hacer un nido.

44)

Desde mañana usaré un paraguas para protegerme de la luz de madrugada. No quiero ver cómo se aparean los juncos del río con la brisa que me nace triste.

45)

Mi piel se volvió de celofán, cuando vi a niños contar piedras al salir de la escuela. Y recordé, a mí me daban lecciones de sosa cáustica.

46)

«Ama-nos». Los lunes, para mí, siempre están entre el amanecer y la nostalgia, porque no todo lo encuentro en la superficie, también en las profundidades.

47)

Últimamente dejé el amor olvidado entre las sábanas, agotado por tantas madrugadas. Ahora, con la vejez, lo tengo, aunque de otra manera.

48)

Mi cabello ya no tiene el color del azafrán, ¿es hora de darle la bienvenida a otra fase de la vida?

49)

Quiero soñar. Soñar. Un sueño que se desnude en versos cuando llegue la noche. Ese es mi pensamiento en este instante.

50)

He vuelto de la memoria con las manos vacías. En mi cabeza solo queda una pequeña brasa que sobrevive.

51)

Dentro de mí la nostalgia se derrumba. Creo que todo se acaba, que nada queda, pero no. El desencanto sigue ahí.

52)

El mundo, para mí, solo es una simulación. Algo hipócrita. Un lugar falso y triste. Hay que resistir. ¿Para llegar a la nada en una última caída?

53)

Mi alegría se quedó sola. Desapareció ¿o se transformó en tristeza al recordar a los seres queridos que ya no me acompañan?

54)

Perder la fe y la voluntad. Eso también es una forma de morirse en la vida.

55)

Lo que me queda después de superar el dolor inmediato es lo que pienso que vale la pena escribir, aunque sea triste, aburrido o trágico, porque así es, para mí, la vida real.

56)

Tengo que recordarlo. Solo soy la sombra de una sombra. Y, sin querer, yo misma la piso.

57)

Dentro de mí siempre hay una melancolía espesa. Y eso duele, como beber chocolate demasiado caliente.

58)

Hoy me siento igual que un gato maullando bajito. No quiero hacerlo más alto para no incomodar a nadie.

59)

La vida se nos acaba resistiendo. Sufriendo golpes. Por eso una se va desmoronando por dentro.

60)

A veces pienso que yo solo soy la mirada que me ve.

61)

Las palabras que escribo son signos que resuenan en mí y que debo expresar, aunque ni siquiera yo entienda por qué.

— III —

Las palabras se iban formando una a una
como las hojas de un árbol
que lentamente fueran descendiendo
hasta plasmarse en los libros.

(Ignacio Arrabal / *Los sueños intactos*)

62)

He llegado a lo que llaman tercera edad. Sé que es inútil volver a mis primeras alegrías. Ha pasado ya demasiado tiempo.

63)

Mi mirada en el espejo solo está sonriendo si recuerda. Creo que cada vez soy más recuerdos que ser humano.

64)

Igual que otros, en algún momento, solo seré una foto de la que no se acuerde nadie.

65)

Las hojas que cayeron en otoño son ignorantes, no conocen la orilla de mi llanto ni mi débil afán de ser una poeta «cuenta cuentos».

66)

El silencio trae, a veces, la soledad. Lo malo es, cuando te llega, si tú no la buscabas.

67)

El aleteo de unos pájaros me acercó el olor del pan recién hecho. Pero ese pan, en mi mano, se hizo arena sin que me diera cuenta.

68)

Nada sirve para alejar el miedo, el dolor y la pena de saber que la guerra, la corrupción y otras cosas terribles, tienen fichas ganadas en el tablero de la vida.

69)

Tengo que vivir las horas que me queden para seguir haciendo preguntas. Aunque todos me digan que hablo mucho y nadie me dé respuestas.

70)

Unas veces me abrazo a la niebla, otras al viento. Aun así, nunca llegaré a ser una mañana blanca en el espejo.

71)

Cuando me levanto, quiero dejar mi cara, sin careta, al descubierto. El tiempo pasa, ignora mi deseo. Es lógico. Eso solo depende de mí.

72)

Alguna vez, soñé despierta la vida. Fue como un viaje largo, sin moverme de mí. Y aún estoy en mí.

73)

Estoy enferma de rutina y no encuentro la medicina que pueda sanarme.

74)

En mi niñez y en mi adolescencia tenía una noción vaga de que vivir no valía la pena, ahora me doy cuenta de que tenía razón. No vale la pena.

75)

Escribo con letras de abecedario patético, incluso a mí me parece ridículo.

76)

Me duelen todas las personas que no he podido ser. La vejez ha llegado de golpe. Sin remedio. Eso no se entiende.

77)

Busco un lugar sin nombre que me tiene atrapada siempre por calles oscuras y vacías. Nadie me enseñó, o nunca aprendí, a caminar por senderos luminosos.

78)

Cada vez estoy más segura de que me hubiera gustado venir aquí a ser otra, pero he terminado siendo yo.

79)

Siento como si alguien me hubiese dejado sin fe ni esperanza. Así, todo se vuelve confuso e inútil.

80)

Una intenta a veces recordar y se da cuenta del poder que tienen las cosas pequeñas. Como cuando miras una foto antigua, te emocionas y lloras.

81)

Me dicen que soy una persona negativa. Creo que soy «realista». Con los años, lo real se vuelve cada vez más irremediable, triste, doloroso y aterrador. Sin sentido.

82)

La escritura, para mí, es un paraíso perdido. Escribo por necesidad de expresar palabras que me inundan por dentro, aunque ni mucho ni poco ni nada interesen a nadie.

83)

El orgasmo. ¿Necesidad física o psicológica? Muchos seres humanos se convierten en adictos. ¿Acaso creen que eso es el amor? ¿No es mejor comunicarse y mirarse en el fondo de otros ojos?

84)

Creía que un orgasmo era bueno y relajaba. Total, una necesidad física. Ahora pienso que, en realidad, es una más de las cosas estúpidas y engañosas con las que el mundo atrapa.

85)

La nostalgia no es tristeza. Es un placer doloroso. Hay que sentirla y llorar. Sí. Pero, también, saber dejarla con una sonrisa. Eso es muy difícil.

86)

El pasado me lleva a una casa desaparecida y a un cuaderno con muñequitas recortables. Algo en mí se perdió con esa casa y esas muñequitas.

87)

Enojarme conmigo misma me hace sentir ridícula. Debería enfadarme con los demás. Porque no siempre tengo yo la culpa de todo.

88)

Las tristezas que parecen más simples, casi siempre son las más profundas y recuerdan mucho a algunas despedidas.

89)

Cuando te paseas por la memoria, crees que puedes tocarlo todo con las manos. Es una ilusión, solo puedes con la mirada de los ojos cerrados.

90)

Siempre me entristece pensar que he podido, sin saberlo, hacerle daño a las personas que quiero. Es como volver de los recuerdos con el corazón en sombras.

91)

Dicen que «a quien madruga Dios le ayuda». ¿A qué?

92)

¿Por qué me gusta tanto recordar? Ver pasar otra vez los días, los árboles, los ríos, las casas, personas... Vivencias que quizá no supe aprovechar.

93)

Me digo que, para intentar cambiar algunas cosas todavía me queda la madrugada. Pero sé que no podré encontrar lo que he perdido, buscándole ojos a un sueño.

94)

Escribo y cuando me leo, me siento extraña. Como si fuese otra persona la que me dicta lo que siento y tengo que expresar. No sé, supongo que como dicen: «la procesión va por dentro» y fuera redoblan tambores.

95)

Amas. Odias. Olvidas. Recuerdas. No es extraño. Sucede a menudo.

96)

Cuando le pregunté ¿qué necesitas, puedo traerte algo? Respondió: «Solo calor humano». Y no supe ni pude dárselo. ¿Acaso puedo vivir en paz, después de eso?

97)

Muchos amores no son más que anzuelos que nos ayudan a seguir el camino. Un camino manchado por las mentiras de nuestras circunstancias. Y ya es tarde para limpiarlo.

Final

(Este final, para ti, hermano. Sé que Larrea era uno
de tus poetas preferidos)

Sucesión de sonidos elocuentes movidos a resplandor,
poema
es esto
y esto
y esto
Y esto que llega a mí en calidad de inocencia hoy,
que existe
porque existo
y porque el mundo existe
y porque los tres podemos dejar correctamente de existir.

(Juan Larrea – «Razón»)

Éramos niños hace veinticinco años,
y pensábamos que aquello
duraría para siempre.

(Ignacio Arrabal / *Los sueños intactos*)

Agradecimientos:

Mi corazón recibe calidez de muchos seres queridos que ya no están en mi vida, pero sí dentro de él. Por eso mi agradecimiento y mi recuerdo para todos. Y hoy especialmente para ti, hermano, por tu carta, y sé que, aunque ahora estés con ellos, seguirás dándome consejos e iluminando mis palabras, como siempre has hecho.

Un abrazo también para ti, Pili. Dale tu mano a Carlos. Podéis bailar un Rock and Roll mientras me esperáis. Y si encuentras en algún sitio mi libro de «mariquitinas», guárdamelo. Gracias por haber formado parte de mi vida.

A Luis Vea, genial poeta y sobre todo amigo, por sugerirme el título de este libro. A Ignacio Arrabal por dejarme utilizar algunas de sus citas. Espero verlo en persona alguna vez y que podamos comprobar si somos parientes.

Y a Gabriel, su seudónimo por internet es «*el otro Cioran»,* solo he tenido contacto con él por ese medio y siempre me ha impresionado y emocionado muchísimo todo lo que escribe. Sigo muy identificada con sus palabras y sus pensamientos.

Y todo mi agradecimiento y un abrazo a Marta Porpetta, mi editora en Ediciones Torremozas, por seguir ayudándome a darle vida a mis escritos, como antes hacía su madre Luzmaría, a la que sigo apreciando como si estuviese aquí.

Y para ti, Amaya, como siempre.

Índice

Introducción 7

-I-

El mundo / Vamos 15
Pensar / Asfixia 16
Algunas / Llevo 17
Para mí / Me duele 18
Creí / Vengo 19
El sol / Desde niña 20
Igual / Rizos 21
Muy triste / Piden 22
Acaso / Durmiendo 23
No sé / Mi vida 24
Muchos años / Algo 25
¿Cuándo? / A veces 26
Pasa / La vida 27
Tiempo / Te fuiste 28
Agua / Nunca 29

-II-

Infierno / Es como 33
He aprendido / Seguridad 34
Las letras / Caminando 35
Me duelen / No sé 36
El alba / No te quejes 37
Intentaré / Respiro 38
Quisiera / Mañana 39
Mi piel / Los lunes 40
Últimamente / Cabello 41
Soñar / He vuelto 42

Dentro de mí / Un lugar.................43
Mi alegría / Perder.................44
Lo que me queda / Tengo.............45
Dentro / Hoy.................46
Resistiendo / A veces.................47
Las palabras.................48

-III-

He llegado / Mirada.................51
Igual / Las hojas.................52
Silencio / Aleteo.................53
Nada sirve / Tengo.................54
Nunca / La careta.................55
Un viaje / Enferma.................56
Mi niñez / Escribo.................57
Duelen / Busco.................58
Ser otra / Siento.................59
Una foto / Lo real.................60
Escritura / Orgasmo.................61
Creía / Nostalgia.................62
El pasado / Enojarme.................63
Tristezas / Memoria.................64
Siempre / Dicen.................65
Vivencias / Me digo.................66
Escribo / Amas.................67
Calor humano / Es tarde.............68

Final.................69
Agradecimientos.................70

Este libro
se terminó de imprimir el día
21 de abril de 2026,
aniversario del nacimiento
de Charlotte Brontë.